ESSAI

SUR LES

DROITS DES AUTEURS ÉTRANGERS

EN FRANCE

ET DES AUTEURS FRANÇAIS

EN PAYS ÉTRANGERS

PAR

Ch. FLINIAUX

AVOCAT AU CONSEIL D'ÉTAT ET A LA COUR DE CASSATION.

PARIS

ERNEST THORIN, ÉDITEUR

Libraire du Collège de France, de l'École normale supérieure,
des Écoles françaises d'Athènes et de Rome

7, RUE DE MÉDICIS, 7

—

1879

ESSAI

SUR LES

DROITS DES AUTEURS ÉTRANGERS

EN FRANCE

ET DES AUTEURS FRANÇAIS

EN PAYS ÉTRANGERS

Extrait de la *Revue générale du droit.*

TOULOUSE. — IMP. A. CHAUVIN ET FILS, RUE DES SALENQUES, 28.

ESSAI

SUR LES

DROITS DES AUTEURS ÉTRANGERS

EN FRANCE

ET DES AUTEURS FRANÇAIS

EN PAYS ÉTRANGERS

PAR

Ch. FLINIAUX

AVOCAT AU CONSEIL D'ÉTAT ET A LA COUR DE CASSATION.

PARIS

ERNEST THORIN, ÉDITEUR

Libraire du Collége de France, de l'École normale supérieure,
des Écoles françaises d'Athènes et de Rome,

7, RUE DE MÉDICIS, 7

1879

TABLE DES MATIÈRES

ESSAI SUR LES DROITS

DES AUTEURS ÉTRANGERS EN FRANCE

ET

DES AUTEURS FRANÇAIS EN PAYS ÉTRANGERS

INTRODUCTION

—

Depuis que les relations entre les divers Etats, non-seulement de l'Europe, mais encore de l'Amérique, sont devenues plus fréquentes, les œuvres littéraires, dramatiques, musicales et artistiques se sont répandues d'un pays dans un autre avec une facilité de plus en plus grande, et elles ont été exportées soit dans la langue originale et sous la forme primitive, soit au moyen de la traduction, de l'imitation ou de l'adaptation. Aussi les auteurs des pays où ces productions sont les plus nombreuses, et principalement les auteurs français, ont-ils réclamé aide et assistance près de leurs gouvernements, pour que leurs œuvres fussent protégées à l'étranger et qu'on ne pût les y reproduire ou les imiter sans leur consentement.

La solution des questions internationales soulevées à ce sujet était des plus difficiles à une époque où les divers Etats de l'Europe ne possédaient que peu de lois pour protéger leurs nationaux; pour faire des conventions sur un point de droit entre les nations, il faut d'abord que ce point de droit soit reconnu complétement par chacune d'elles, et, comme le disait M. Laboulaye en 1858 : Quand il sera évident pour tous que réimprimer un livre sans la volonté de l'auteur, c'est lui prendre le fruit de ses veilles, c'est le dépouiller de sa chose, alors on sera bien près de s'entendre (1).

Depuis un demi-siècle, la plupart des pays se sont occupés de réglementer cette matière; plusieurs ont même des lois très-complètes dont nous avons donné l'analyse dans deux de nos ouvrages (2) et ont distancé la France qui, après avoir la première posé les principes généraux dans la loi du 19 juillet 1793, n'a encore abouti qu'à une spécification pure et simple du droit des héritiers dans la loi du 14 juillet 1866.

Non-seulement il existe des lois, mais encore il y a des conventions internationales entre la plupart des pays de l'Europe, et depuis 1843, époque où le premier de ces sortes de traités fut conclu entre la France et la Sardaigne, la diplomatie a cherché avec ardeur la solution des questions proposées. Pour donner une idée du travail opéré, il suffit de dire que de 1843 à 1852 il a été conclu par la France quatre traités avec la Sardaigne, le Portugal, le Hanovre et la Grande-Bretagne ; de 1852 à 1857 vingt traités ; de 1856 à 1865 sept traités ; en 1865 il en a été signé vingt-six, et enfin de 1866 à 1868 quatre ; depuis lors il n'a été fait que quelques changements aux stipulations, soit avec la Belgique en 1869 et avec l'Angleterre en 1875. Nous avons en outre, en France, un décret du 28 mars 1852, qui protège les ouvrages publiés à l'étranger.

Après ces travaux, opérés depuis 1843 dans l'intérêt des auteurs, on pourrait croire qu'il n'y a plus rien à faire sur ce point, mais en examinant de près l'ensemble des conventions, nous verrons que cette protection est encore bien illusoire.

Nous dirons d'abord quelques mots du décret de 1852 qui s'applique encore aux étrangers appartenant aux pays qui n'ont pas conclu de conventions, nous analyserons ensuite, dans leur ensemble, les diverses conventions conclues par la France, et après avoir déterminé le droit des étrangers en France et des Français à l'étranger, nous ferons un examen critique de ces documents.

---

(1) *Etudes sur la propriété littéraire en France et en Angleterre.* 1 vol. in-8, 1858.

(2) *Législation et jurisprudence concernant la propriété littéraire et artistique,* 2ᵉ édit., 1878. In-8. Thorin, éd.

La propriété industrielle et la propriété littéraire en France et à l'étranger. 1878. In-12. Delagrave, éd.

I. — DROITS DES AUTEURS ÉTRANGERS EN FRANCE EN VERTU DU DÉCRET DU 28 MARS 1852.

Avant le décret du 28 mars 1852, les auteurs étrangers n'étaient point, par leur nationalité, repoussés dans tous les cas de la protection de la loi française ; on pouvait, en effet, interpréter les termes de la loi des 19-24 juillet 1793, en ce sens que les auteurs étrangers, *qui auraient publié leur ouvrage en France,* auraient droit à la protection ; l'article premier de la loi n'était pas tout au moins contraire à cette interprétation ; il disait :
Les auteurs d'écrits en tout genres, les compositeurs de musique, les peintres et dessinateurs, qui feront graver des tableaux ou dessins jouiront, durant leur vie entière, du droit exclusif de vendre, faire vendre, distribuer leurs ouvrages dans le territoire de la République et d'en céder la propriété en tout ou en partie.
Ce qu'il y a de certain, c'est que le décret du 5 février 1810, qui a élevé pour les *descendants* de l'auteur la durée du droit de dix à vingt ans, déclarait dans l'article 40 que « les auteurs, soit nationaux, *soit étrangers* de tout ouvrage imprimé ou gravé, pouvaient céder leur droit à un imprimeur ou libraire ou à toute autre personne.
A cette époque, la nationalité de l'auteur n'était pas le seul point à considérer, il y avait lieu, en outre, de rechercher en quel pays avait eu lieu la publication, et l'on a même soutenu que sous l'empire des lois précitées, le Français qui publiait son ouvrage à l'étranger était déchu du droit de protection en France (1). Le décret du 28 mars 1852 n'avait donc pas à s'occuper des ouvrages publiés en France soit par des Français soit par des étrangers puisque ce point était résolu ; aussi ne parle-t-il que des ouvrages publiés en France qu'il déclare protéger contre la contrefaçon. Mais tout en accordant cette protection, non pas aux auteurs mais aux ouvrages étrangers, le décret a-t-il voulu dire que les droits concédés à ces ouvrages seraient les mêmes que s'ils avaient été publiés en France, abstraction faite de la nationalité de l'auteur, ou bien a-t-il simplement permis à l'auteur étranger de faire valoir en France les droits que lui accordait son pays ? Nous croyons qu'il faut se ranger à cette dernière interprétation et que l'auteur étranger qui a publié son ouvrage à l'étranger ne peut requérir l'application de la loi française que pour la défense de ses droits nationaux.

(1) Renouard, *Traité des droits d'auteur,* II, n° 73.

Cette question est moins importante qu'au moment de l'apparition du décret, puisque des conventions internationales ayant été conclues avec la France, il ne s'applique plus qu'aux pays autres que l'Angleterre, l'Espagne, l'Autriche, le Portugal, la Suisse, l'Allemagne, les Pays-Bas, la Russie, l'Italie et la Belgique ; mais elle a encore un intérêt pour tous les autres Etats. Voici d'abord le texte du décret : Art. 1er. — La contrefaçon sur le territoire français d'ouvrages publiés à l'étranger et mentionnés en l'article 425 du Code pénal constitue un délit. — Art. 2. Il en est de même du délit de l'exportation et de l'expédition des ouvrages contrefaits. L'exportation et l'expédition de ces ouvrages sont un délit de la même espèce que l'introduction sur le territoire français d'ouvrages qui, après avoir été imprimés en France, ont été contrefaits chez l'étranger. — Art. 3. Les délits prévus par les articles précédents seront réprimés conformément aux articles 427 et 429 du code pénal. — Art. 4. Néanmoins la poursuite ne sera admise que sous l'accomplissement des conditions exigées relativement aux ouvrages publiés en France, notamment par l'article 6 de la loi du 19 juillet 1793.

Il est évident que ce décret-loi rendu dans la période dictatoriale a été une innovation généreuse, nous pourrions dire chevaleresque. Protéger les productions étrangères sans réciprocité, alors que les productions françaises étaient journellement contrefaites à l'étranger, c'était s'exposer désarmé aux coups de ses rivaux. Mais ce n'est pas détruire le mérite de cette croisade littéraire que de limiter la portée du décret à son sens véritable. Le texte ne dit en aucune façon que les auteurs étrangers qui auront publié leur ouvrage à l'étranger seront dans la même situation que les Français ou les étrangers qui ont publié en France ; il accorde seulement aux œuvres publiées à l'étranger la même protection pénale qu'aux autres. Déclarer simplement que la contrefaçon sera punie, ce n'est pas créer des droits ; c'est sanctionner ceux qui existent ; ces droits sont établis dans des conditions diverses par les lois étrangères ; le décret les prend tels qu'ils sont, plus ou moins étendus, et, dans le cas où ils n'existent pas, il n'accorde rien ; il ne s'occupe que de la répression, et l'œuvre publiée à l'étranger doit en tous autres points suivre la loi étrangère. On peut d'ailleurs remarquer que si les publications étrangères avaient été admises par l'article 1er à la loi française, l'article 4 n'aurait pas eu besoin de dire qu'il les soumettait au dépôt, ou tout au moins on aurait indiqué cette condition en commençant l'article par le terme *par conséquent*, et non par l'expression *néanmoins*.

On pourrait peut-être tirer argument en sens contraire dé ce que les quatre conventions qui ont précédé ce décret étaient conçues dans un système opposé, c'est-à-dire que les étrangers y étaient considérés comme devant être traités en France d'après la loi française, et l'on peut trouver étonnant qu'à si peu de distance le décret n'ait pas suivi le même système. Cet argument, quelque sérieux qu'il puisse paraître au premier abord, nous semble facile à réfuter par deux considérations : la première, c'est que si dans le décret on avait voulu suivre le système de ces conventions, il était tout simple de le rédiger dans les mêmes termes que celles-ci : or, les conventions disent que la reproduction ou la contrefaçon, dans l'un des deux Etats, d'ouvrages publiés dans l'autre Etat, sera assimilée à celle des ouvrages qui auraient été originairement publiés dans l'Etat même; il n'y rien de semblable dans le décret; donc, on n'a pas voulu suivre le même système. La seconde considération, c'est que dans les conventions on n'a pas été complétemeut libre de choisir le système que l'on pouvait peut-être préférer; il a fallu se mettre d'accord de part et d'autre, tandis que le décret a été rendu sans discussion préalable, non par des diplomates, mais par des hommes qui pouvaient avoir des idées tout autres que les négociateurs des différents pays.

Notre interprétation doit-elle être poussée à l'extrême et faut-il dire qu'en ce qui concerne la durée du droit, elle sera fixée par la loi étrangère, quand bien même, en vertu de cette loi, la durée dépasserait celle qu'accorde la loi française? M. Louis Renault, dans un article très-étudié qu'il a publié dans le *Journal de droit international privé* (1), admet que l'auteur étranger ne pourra avoir droit à une protection plus grande que celle accordée par la loi française; nous ne pouvons nous décider à concéder cette restriction qui n'est point dans les termes du décret, et nous croyons devoir maintenir le principe d'une façon absolue; il faut appliquer la loi étrangère quelle qu'elle puisse être. Ce qui nous touche surtout, c'est qu'au moment où a paru le décret, cette combinaison de la loi française avec les lois étrangères eût été souvent bien difficile; à cette époque on était encore sous l'empire du décret du 5 février 1810; il

---

(1) *De la propriété littéraire et artistique au point de vue international. — Journal de droit international privé.* 1878.

fallait distinguer entre les descendants et les autres héritiers ; dix ans étaient accordés à ceux-ci à partir du décès de l'auteur, et la veuve de ce dernier pouvait, si elle avait l'usufruit, absorber leurs droits ; vingt ans, au contraire, étaient concédés aux descendants à partir de l'extinction du droit de la veuve. Admettre, en présence de distinctions d'une nature si particulière, que la loi française devait réduire la portée de la loi étrangère, ce serait dire en réalité que le décret de 1852 a soumis dans tous les cas les étrangers à la loi française, peu d'autres lois faisant cette distinction entre la qualité des héritiers. Sans doute, en n'admettant aucune restriction, il faut avouer qu'on a été d'une générosité un peu aventureuse ; mais on paraît être d'accord sur ce point et l'on ne discute que sur une question de plus ou de moins. Maintenant d'ailleurs que la France a accordé à ses nationaux le délai de cinquante ans, il y a moins de péril à régler le droit des étrangers suivant la loi étrangère.

Le maintien sans restriction des termes du décret va nous permettre en outre de donner une solution très-simple à la question de savoir si par le décret les *traductions* sont défendues comme la reproduction de l'œuvre originale ; nous connaissons deux solutions de la question ; nous en proposons un troisième. M. Renault (*loc. cit.*) pense que les étrangers doivent toujours être protégés par le décret quant au droit de traduction, parce que la jurisprudence française, complétant la loi, protége par assimilation l'auteur contre le traducteur. M. Duvergier (1) trouve que les conventions restreignant considérablement le droit des auteurs sur ce point, il est anormal de voir ceux dont les gouvernements ont conclu des traités avec la France moins favorisés que les autres, lesquels peuvent invoquer le décret de 1852 ; il propose, dès lors, de restreindre le droit de ces derniers aux droits établis par les conventions pour la nation la plus favorisée. Nous pensons que c'est accorder trop ou trop peu ; qu'il faut dire tout simplement qu'en l'absence de conventions, l'auteur étranger conserve en France le droit de traduction, *si la loi de son pays lui confère expressément ce droit.* Puisque le décret, ainsi que nous l'avons dit, s'est référé à la loi d'origine sur la nature et l'étendue du droit, c'est cette loi qu'il faut suivre, et si elle

(1) *Annales de la propriété ind. art. et littéraire.* Pataille. Vol. 1860.

est muette sur le droit de traduction, il n'y a pas lieu de l'accorder. Sans doute la jurisprudence française a décidé que l'auteur français pouvait empêcher la traduction, quoique la loi française n'eût pas prévu ce cas expressément; mais ce n'est pas une raison pour qu'elle juge de la même façon relativement aux lois étrangères; il y aurait le plus grand danger à procéder par voie d'assimilation d'un pays à l'autre; il faut, pour les lois étrangères, appliquer le texte plus strictement, et si ces lois sont incomplètes, ce n'est pas par la jurisprudence française qu'elles doivent être complétées; il n'y a même pas lieu, en ce cas, de se conformer à la jurisprudence étrangère qui n'a point force de loi en France. Pourquoi d'ailleurs décider pour les lois autrement qu'on ne le fait pour les conventions; ainsi la Russie et les Pays-Bas, dans les conventions conclues avec la France, ayant passé sous silence le droit de traduction il est admis sans contestation, quoique le droit des auteurs y soit déclaré garanti, que les traductions ne sont pas prohibées. Il faut, de même, s'en tenir au texte des lois; dire que les étrangers ne peuvent invoquer le décret de 1852 relativement à la traduction que si leur loi nationale leur réserve formellement ce droit, c'est suivre une règle logique.

En vertu du même principe, il devient tout aussi facile de résoudre les autres questions analogues, et l'on accordera aux articles de journaux et aux revues, aux discours et leçons publiques, les droits que chaque loi étrangère a établis; de même, en ce qui concerne les droits spécifiés pour les œuvres posthumes et pour les académies ou sociétés savantes.

Ajoutons que le décret est également applicable à la publication des œuvres dramatiques et musicales ainsi qu'aux œuvres d'art.

Quant à la représentation des œuvres dramatiques et musicales, la Cour de cassation (Ch. req. 14 décembre 1857. Sir. I. 145) a jugé que le décret ne s'en occupant pas expressément, elle devait être permise; le texte, en effet, ne vise que les articles 427 et 429 du code pénal relatifs à la publication; si l'on avait voulu donner une sanction qui s'appliquât à la représentation, il aurait fallu viser en même temps l'article 428 du même code, qui est spécial à ce chef, et les articles se suivant, on ne peut supposer qu'il y ait eu là un oubli. Des dispositions aussi exceptionnelles que celles spécifiées dans le décret ne peuvent être étendues par voie d'assimilation ; on peut dire d'ailleurs que le décret a pu considérer comme moins désastreux pour l'auteur les résultats d'une représentation opérée sans son consentement ; car, tout en causant un préjudice à celui-ci en représentant son œuvre sans rétribution, on lui est en même temps utile puisqu'il vendra d'autant plus d'exemplaires que son ouvrage sera plus connu. Combien d'auteurs voudraient être joués sans rémunération ! On ne peut donc pas se prévaloir d'une façon positive de l'esprit général du décret : il a voulu dire ce qu'il a dit et pas autre chose.

II. — Droits des auteurs étrangers en France et des auteurs français en pays étrangers en vertu des conventions internationales.

Principe admis dans les conventions. — Le principe que nous avons soutenu être celui du décret de 1852, à savoir, qu'il n'a accordé qu'une sanction aux droits établis par les diverses législations étrangères, n'a point été celui qu'on a suivi dans les conventions ; elles déclarent, au contraire, admettre l'étranger au bénéfice du droit national ; mais nous verrons, par l'analyse que nous allons en faire, qu'elles placent à côté de cette règle des exceptions si importantes qu'en réalité autant valait adopter le principe opposé.

Les conventions dont nous avons à nous occuper sont celles d'Espagne, d'Angleterre, d'Autriche, de Portugal, de Suisse, d'Allemagne, des Pays-Bas, de Russie, d'Italie et de Belgique.

Nous n'examinerons point ces conventions séparément, mais nous grouperons sur chaque question les dispositions de chacune d'elles ; car la conclusion devra porter non sur chacune en particulier, mais sur le résultat produit par leur réunion au point de vue de l'auteur auquel elles s'appliquent ; établir la situation de l'auteur en présence des clauses diverses et des formalités distinctes spécifiées, c'est le seul moyen pratique de connaître clairement ses droits et ses obligations.

Si l'on ne s'en référait qu'à l'article premier des conventions, qui est dans toutes presque identique, il semblerait que la protection la plus large et la plus efficace est partout accordée aux étrangers. Cet article contient, en effet, en ces termes une déclaretion générale de protection , tant pour les œuvres littéraires, que pour les œuvres d'art, qui y sont partout assimilées : Les auteurs de livres, brochures, et autres écrits, de compositions musicales ou d'arrangements de musique, d'œuvres de dessin, de peinture, de sculpture , de gravure, de lithographie et de toutes autres productions analogues du domaine littéraire ou artistique, jouiront dans chacun des deux Etats réciproquement des avantages qui y sont ou y seront attribués par la loi à la propriété des ouvrages de littérature ou d'art, et ils auront la même protection et le même recours légal contre toute atteinte portée à leurs droits, que si cette atteinte avait été commise à l'égard d'auteurs d'ouvrages publiés pour la première fois dans le pays même.

Si cet article était véritablement l'expression unique de la pensée qui a présidé aux conventions, on ne comprendrait pas qu'en 1858 , en présence de cette protection pleine et entière , déjà accordée par vingt-quatre conventions, M. Jules Simon eût pu encore, avec quelque vraisemblance, dans la préface du livre de MM. Passy, Modeste et Paillottet , souhaiter spirituellement la célébrité à ces auteurs en émettant le vœu « que quelques jours après la publication de leurs ouvrages il s'en fît deux on trois contrefaçons en Europe ; que ce brigandage littéraire fût déféré aux tribunaux de différents peuples, et que les tribunaux donnassent raison aux spoliateurs contre les auteurs (1).

C'est qu'en effet, il en était encore alors et il en est encore aujourd'hui, malgré les conventions, à peu près comme au bon vieux temps; car cette disposition des conventions n'est en réalité qu'un trompe-l'œil ; l'effet en est amoindri ou pour mieux dire contredit par des clauses diverses et des exceptions qui tendent, ainsi que nous allons le voir, à la détruire presque complétement.

Durée du droit. — D'après les termes de l'article précité, les auteurs étrangers sont, par les conventions, assimilés aux nationaux dans chacun des Etats, et ils ne sont plus soumis à la loi de leur pays, mais à la loi du pays étranger ; ainsi, le Français est réputé Anglais en Angleterre, Espagnol en Espagne, Autrichien en Autriche, et ses œuvres, quoique nées en France, auront des droits cosmopolites ; par suite, l'auteur qui veut se rendre compte exactement de la portée et de la consistance de ses droits doit étudier toutes les législations étrangères.

Nous discuterons plus loin ce principe irrationnel, mais en le prenant tel que les conventions l'ont reconnu, on devrait en dé-

____

(1) *De la propriété intellectuelle,* avec préface de Jules Simon.

duire comme conséquence principale et immédiate, que la *durée du droit* fût réglée, pour l'auteur étranger, suivant la loi du pays étranger ; ainsi puisque les œuvres du Français doivent, d'après le principe posé, suivre en Autriche la loi autrichienne, et celle du sujet autrichien la loi française, les droits du premier devraient être en Autriche de 30 ans, et les droits du second de 50 ans en France ; et cependant, il n'en est pas ainsi, l'héritier de l'auteur français jouira bien du droit en Autriche pendant 30 ans, mais l'héritier de l'auteur autrichien n'en jouira aussi que pendant 30 ans en France, quoiqu'on ait déclaré qu'il serait traité comme un Français ; c'est qu'au principe posé on a fait une première exception, ainsi formulée dans la plupart des conventions :

« Toutefois, ces avantages ne leur sont réciproquement assurés que pendant l'existence de leurs droits dans le pays où la publication originale a été faite, et la durée de leur jouissance dans l'autre pays ne peut excéder celle fixée par la loi pour les auteurs nationaux. »

Dans la convention franco-espagnole du 4 février 1854, cette règle du minimum a été plus accentuée encore et la durée du droit accordé y a été fixée expressément ; il y est dit : « Qu'il durera pour les auteurs toute leur vie et se transmettra pour vingt ans à leurs héritiers directs ou testamentaires, et pour dix ans à leurs héritiers collatéraux » (art. 1). Cependant, cette restriction au principe spécifié en tête des conventions n'a pas été admise encore dans toutes celles qui ont été conclues par la France ; dans la convention passée le 3 novembre 1851 par la France avec l'Angleterre, l'exception n'a point été stipulée ; cette convention dit en effet purement et simplement : Les auteurs d'œuvres de littérature ou d'art auxquels les lois de l'un des deux pays garantissent actuellement et garantiront à l'avenir le droit de propriété ou d'auteur, auront la faculté d'exercer ledit droit sur les territoires de l'autre pays, *pendant le même espace de temps et dans les mêmes limites* que s'exercerait, dans cet autre pays lui-même, le droit attribué aux auteurs d'ouvrages de même nature qui y seraient publiés, de telle sorte que la reproduction ou la contrefaçon, dans l'un des deux États, de toute œuvre de littérature ou d'art publiée dans l'autre sera traitée de la même manière que le serait la reproduction ou la contrefaçon d'ouvrages de même nature originairement publiés dans cet autre État, et que les auteurs de l'un des deux pays auront, devant les tribunaux de l'autre, la même action et jouiront des mêmes garanties contre la contrefaçon ou la reproduction non autorisée que celles que la loi accorde ou pourrait accorder à l'avenir aux auteurs de ce dernier pays (art. 1er).

Nous nous trouvons sur ce point de détail, relatif à la loi anglaise, d'une opinion opposée à celle émise par M. Renault (*loc. cit.*) qui considère l'exception comme sous-entendue ; la convention supposant que le droit doit exister d'abord dans le pays d'origine pour pouvoir être revendiqué à l'étranger, il y aurait une restriction nécessaire pour le cas où la durée serait supérieure à celle fixée par la loi du pays d'origine, et dès lors, le sujet anglais ne pourrait plus rien réclamer en France, le jour où son droit serait expiré dans son pays.

Nous ne pouvons nous ranger à cet avis ; nous convenons, certes, qu'il est anormal qu'un auteur puisse demander à l'étranger plus que ce que lui concède sa loi nationale et nous nous sommes élevé, au congrès de Paris de 1878, contre une proposition présentée en ce sens dans une brochure par M. H. Celliez (1) ; mais nous ne pouvons, malgré cela, trouver autre chose que ce système dans la convention anglaise ; elle énonce en termes précis que les auteurs pourront exercer le droit dans l'autre pays, *pendant le même espace de temps et dans les limites* que s'exerce dans cet autre pays lui-même le droit d'auteur. Sans doute, il est vrai de dire que si les deux pays en question ont fait une convention, c'est que le droit des auteurs était reconnu dans chacun d'eux, mais reconnu comme principe général de propriété indépendamment de la durée fixée ; c'est dans ces termes que la convention a purement et simplement constaté cette reconnaissance du droit dans chacun des pays ; de telle sorte que si, postérieurement à la convention, une loi française avait décidé que les auteurs français n'auraient plus dans leur pays aucun droit sur leurs œuvres et qu'elles tomberaient immédiatement dans le domaine public, nous admettons qu'en ce cas, les auteurs français ne pourraient plus demander en Angleterre un droit que la convention accordait seulement aux auteurs « *auxquels les lois* » *de l'un des deux pays garantissaient ou garantiraient à l'ave-* » *nir le droit de propriété ou d'auteur* ; » mais c'est tout ce que l'on peut tirer des termes de la convention qui sont formels sur la durée et les limites du droit.

Il faut bien, d'ailleurs, se rendre compte de cette circonstance que la convention franco-anglaise est de 1851, et qu'à cette époque la durée du droit pour les héritiers de l'auteur n'était en France que de 30 ans, tandis qu'en Angleterre elle pouvait et elle peut encore varier de 7 à 42 ans ; en prenant la moyenne de ces derniers chiffres, on arrivait à une durée qui ne diffé-

(1) Proposition de vœu à exprimer par le congrès, 1878.

rait pas essentiellement dans les deux pays. Il faut remarquer, en outre, que la combinaison des deux lois était plus difficile que partout ailleurs ; la loi française faisant partir le délai pour les héritiers du jour de la mort de l'auteur et la loi anglaise du jour de la publication. Tout cela donne aux expressions employées dans la convention sur l'espace du temps et les limites du droit une importance d'autant plus caractéristique. Maintenant que le droit des héritiers en France est de 50 ans, il est évident qu'en suivant notre avis, la convention franco-anglaise accorde aux auteurs anglais un immense avantage ; aussi, pensons-nous, qu'il est utile de la réformer.

Il résulte des diverses conventions que, les auteurs français ont, dans tous les pays avec lesquels il en a été conclu, protection pendant toute leur vie. Leurs héritiers ou ayants cause ont 50 ans en Russie, 30 ans en Autriche, en Allemagne, en Hollande, en Portugal, 30 ans au plus en Suisse (le droit commençant non à partir du décès de l'auteur, mais de la première publication), 20 ans en Belgique, 7 à 42 ans en Angleterre (le droit étant de 42 ans à partir de la publication et de 7 ans au moins); deux périodes pouvant s'élever à 80 ans en Italie (le droit étant de 40 ans en propriété à partir de la publication, et en outre de 40 ans en redevance de 5 pour cent sur chaque exemplaire publié); enfin, ils ont 20 et 10 ans en Espagne suivant qu'il s'agit d'héritiers directs ou de collatéraux.

Les ayants cause des auteurs de ces pays et les Italiens ont en France des droits de même durée, sauf les Anglais, qui ont 50 ans.

Tel est le résultat de l'exception admise au principe que les étrangers seraient traités comme les nationaux ; ce premier démenti qui lui a été donné par la règle du minimum, nous allons voir qu'il n'est pas le seul ; une autre exception est relative à la question des formalités à remplir pour obtenir la protection concédée par les divers Etats.

Formalités. — La plupart des législations exigent de leurs nationaux le dépôt ou l'enregistrement de leurs œuvres dans un bureau spécial; le dépôt est demandé parmi les Etats de l'Europe, en France, en Belgique, en Espagne, en Italie, en Portugal, en Hollande; il n'y a lieu qu'à un enregistrement en Russie, en Allemagne, en Autriche, en Angleterre, en Suède, en Norwége, en Danemark.

Etait-il nécessaire de soumettre, par les conventions, les étrangers à cette formalité et de les forcer à accomplir un dépôt ou un enregistrement semblables à l'étranger? Certaines conventions l'ont pensé ; les unes ont exigé le dépôt, et plusieurs même, quoique les nationaux ne fussent tenus par la loi qu'à un enregistrement ; les autres ont réclamé un enregistrement, et quelques-unes seulement ont exonéré les étrangers de toute formalité.

La convention conclue avec l'Angleterre le 3 novembre 1851 oblige, dans l'article 8, les auteurs étrangers à déposer un exemplaire dans le délai de trois mois à compter de la publication ; il s'ensuit, d'une part, que bien qu'en Angleterre les ouvrages des nationaux ne soient soumis qu'à l'enregistrement, les ouvrages français doivent être déposés ; d'autre part, que bien qu'en France le dépôt soit pour les nationaux un simple préliminaire de la poursuite, il doit être fait pour les ouvrages anglais dans un délai de trois mois. Voici le texte de cet article :

Les auteurs, traducteurs, de même que leurs représentants ou ayants cause légalement désignés, n'ont droit, dans l'un et l'autre pays, à la protection stipulée par les articles précédents, et le droit d'auteur ne peut être réclamé dans l'un des deux pays, qu'après que l'ouvrage a été enregistré de la manière suivante, savoir : 1° Si l'ouvrage a paru pour la première fois en France, il faut qu'il ait été enregistré à l'hôtel de la Corporation des libraires (*stationers hall*), à Londres ; 2° si l'ouvrage a paru pour la première fois dans les Etats de Sa Majesté britannique, il faut qu'il ait été enregistré au bureau de la librairie du ministère de l'intérieur, à Paris. La protection n'est acquise qu'à celui qui a fidèlement observé les lois et règlements en vigueur dans les pays respectifs, par rapport à l'ouvrage pour lequel cette protection est réclamée. Pour les livres, cartes, estampes ou publications musicales, il faut remettre gratuitement dans l'un ou l'autre des dépôts mentionnés, suivant les cas respectifs, un exemplaire dans le meilleur état, destiné à être déposé au lieu indiqué à cet effet dans chacun des deux pays, c'est-à-dire en France à la Bibliothèque nationale de Paris, et dans la Grande-Bretagne au Musée britannique, à Londres. Dans tous les cas, les formalités du dépôt et de l'enregistrement doivent être remplies dans les trois mois qui suivent la première publication de l'ouvrage dans l'autre pays. A l'égard des ouvrages publiés par livraisons, ce délai de trois mois ne commence à courir qu'à dater de la publication de la dernière livraison, à moins que l'auteur n'ait indiqué son intention de se réserver le droit de traduction, auquel cas chaque livraison est considérée comme un ouvrage séparé. Une copie authentique de l'inscription sur le registre de la corporation des libraires à Londres confère dans les Etats britanniques le droit exclusif de reproduction jusqu'à ce quelque autre personne ait fait admettre devant un tribunal un droit mieux établi. — Le certificat délivré conformément aux lois françaises, et constatant l'enregistrement d'un ouvrage dans ce pays, a la même force et valeur dans toute l'étendue du territoire français. Au moment de l'enregistrement d'un ouvrage dans l'un des deux pays, il en est délivré, si on le demande, un certificat ou copie certifiée ; et ce certificat relate la date précise à laquelle l'enregistrement a eu lieu.

Le coût d'enregistrement d'un seul ouvrage ne peut pas dépasser la somme d'un franc vingt-cinq centimes en France et d'un shilling en Angleterre, et les frais additionnels pour le certificat d'enregistrement ne doivent pas excéder la somme de six francs vingt-cinq centimes en France, ou de cinq shillings en Angleterre.

Ces dispositions ne s'étendent pas aux articles de journaux ou de recueils périodiques pour lesquels le simple avertissement de l'auteur suffit pour garantir son droit contre la reproduction ou la traduction. Mais si un article ou un ouvrage qui a paru pour la première fois dans un journal ou dans un recueil périodique est ensuite reproduit à part, il reste alors soumis aux formalités de dépôt (art. 8).

Une disposition analogue existe dans le traité conclu avec l'Espagne, le 15 novembre 1853 (art. 7). Le dépôt est de deux exemplaires et doit être fait dans les trois mois de la publication de l'ouvrage.

Dans la convention prussienne applicable à l'Empire allemand le dépôt n'est pas exigé ; mais un enregistrement doit être opéré dans le délai de trois mois à partir de la publication. Voici la clause (art. 3) insérée dans la convention conclue avec la Prusse le 2 août 1862, et rendue applicable à l'Empire allemand par le traité du 10 mai 1871 :

La jouissance du bénéfice de l'article 1er est subordonnée à l'accomplissement, dans le pays d'origine, des formalités qui sont prescrites par la loi pour assurer la propriété des ouvrages de littérature ou d'art. Pour les livres, cartes, estampes, gravures ou œuvres musicales publiés pour la première fois dans l'un des deux Etats, l'exercice du droit de propriété dans l'autre Etat est, en outre, subordonné à l'accomplissement préalable, dans ce dernier, de la formalité de l'enregistrement effectué de la manière suivante :

Si l'ouvrage a paru pour la première fois en Prusse, il doit être enregistré à Paris, au ministère de l'intérieur.

Si l'ouvrage a paru pour la première fois en France, il doit être enregistré à Berlin, au ministère de l'intérieur.

L'enregistrement se fait, de part et d'autre, sur la déclaration écrite des intéressés, laquelle peut être respectivement adressée, soit aux susdits ministères, soit aux légations dans les deux pays.

Dans tous les cas, la déclaration doit être présentée dans les trois mois qui suivent la publication de l'ouvrage dans l'autre pays, pour les ouvrages publiés postérieurement à la mise en vigueur de la présente convention, et dans les trois mois qui suivront cette mise en vigueur, pour les ouvrages publiés antérieurement.

A l'égard des ouvrages qui paraissent par livraisons, le délai de trois mois ne commence à courir qu'à dater de la publication de la dernière livraison, à moins que l'auteur n'ait indiqué, conformément aux dispositions de l'article 6, son intention de se réserver le droit de traduction ; auquel cas, chaque livraison est considérée comme un ouvrage séparé.

La formalité de l'enregistrement qui en est fait sur des registres spéciaux tenus à cet effet ne donne, de part et d'autre, ouverture à la perception d'aucune taxe.

Les intéressés peuvent se faire délivrer un certificat authentique de l'enregistrement ; ce certificat est délivré gratis, sauf, s'il y a lieu, les frais de timbre. Le certificat relate la date précise à laquelle la déclaration a eu lieu ; il fait foi dans toute l'étendue des territoires respectifs et constate le droit exclusif de propriété et de reproduction aussi longtemps que quelque autre personne n'a pas fait admettre en justice un droit mieux établi (art. 3).

L'Autriche, dans la convention du 11 décembre 1866 (art. 2), le Portugal, dans celle du 11 juillet 1866 (art. 2) et la Suisse dans celle du 30 juin 1864 (art. 3) exigent également l'enregistrement dans les trois mois, et ces conventions reproduisent textuellement la même disposition ; les œuvres littéraires françaises ne peuvent y être protégées que si elles ont été enregistrées au moyen d'une déclaration dûment légalisée et déposée aux légations de ces pays à Paris, dans les trois mois à partir de la publication.

Une disposition plus large a été inaugurée par la convention du 29 mars 1855 avec les Pays-Bas (art. 2) et a été adoptée également avec la Russie dans la convention du 6 avril 1861 (art. 3), avec l'Italie dans la convention du 29 juin 1862 (art. 2) et avec la Belgique dans une convention du 7 janvier 1869 (art. 1), modifiant en ce point celle du 1er mai 1861 qui a été renouvelée le 23 juillet 1873. Cette disposition consiste dans la dispense de dépôt et d'enregistrement dans le pays étranger ; l'auteur français, lorsqu'il veut effectuer une poursuite dans l'un de ces pays, n'a qu'à fournir la preuve qu'il a effectué le dépôt en France, conformément à la loi française. La clause insérée en ce sens dans la convention conclue avec la Belgique est ainsi conçue :

Pour que les auteurs ou éditeurs soient admis devant les tribunaux des deux pays à exercer des poursuites contre les contrefaçons, il suffit qu'ils justifient de leurs droits de propriété en établissant, par un certificat émanant de l'autorité publique compétente en chaque pays, que l'ouvrage en question est une œuvre originale qui, dans le pays où elle a été publiée, jouit de la protection légale contre la contrefaçon ou la reproduction illicite.

Pour les ouvrages publiés en France, ce certificat est délivré par le bureau de la librairie au ministère de l'intérieur et légalisé par la légation de Belgique à Paris ; pour les ouvrages publiés en Belgique, il est délivré par le ministère de l'intérieur à Bruxelles, et légalisé par la légation en France (art. 2).

Quant aux pays d'Europe qui n'ont pas avec la France de conventions internationales comme la Grèce, le Danemark, la Suède et la Norwège et qui ont, par des lois, accordé la protection aux étrangers *sous condition de réciprocité*, il faut y opérer l'enregistrement de l'œuvre conformément aux lois de ces pays ; nous avons vu que notre décret du 28 mars 1852 qui protége les ouvrages étrangers sans condition de réciprocité exige, pour ces étrangers, que le dépôt ait été fait en France ; de même aussi que ce décret ne spécifie pas aux étrangers de délai pour opérer ce dépôt en France, de même ces Etats n'en indiquent point non plus pour l'enregistrement que les auteurs français doivent y effectuer.

Qnant à la Turquie et aux pays en dehors de l'Europe, ils n'accordent, sauf le Mexique, aucune protection aux étrangers, même par réciprocité.

En résumé, l'auteur français, pour obtenir, dans les quatorze Etats précités, le droit d'y poursuivre les contrefacteurs, doit : dans deux de ces Etats, l'Angleterre et l'Espagne, faire un dépôt avant l'expiration du délai de trois mois ; dans quatre Etats, l'empire d'Allemagne, l'Autriche, le Portugal et la Suisse, opérer un enregistrement dans le même délai de trois mois, et dans quatre autres faire cet enregistrement à une époque indéterminée ; enfin, aucune formalité semblable n'est à accomplir en Belgique, en Italie, en Russie et dans les Pays-Bas. Voici le tableau de ces conditions, avec la date des conventions conclues avec la France ou des lois de réciprocité :

Belgique...	Conv. 1er mai 1861 et 7 janvier 1869..	Certificat du pays d'origine.
Italie....	Conv. 29 juin 1862.........	id.
Russie....	Conv. 6 avril 1861.........	id.
Pays-Bas...	Conv. 29 mars 1855 et 27 avril 1860..	id.
Angleterre..	Conv. 3 nov. 1851 et 11 août 1875..	Dépôt d'un exemp. dans les trois mois.
Espagne...	Conv. 15 novembre 1853.......	Dépot de deux ex. id.
Allemagne..	Conv. 2 août 1862 et 10 mai 1871...	Enregistrement dans les trois mois.
Autriche...	Conv. 11 décembre 1866........	id.
Portugal...	Conv. 11 juillet 1866.........	id.
Suisse....	Conv. 30 juin 1864.........	id.
Grèce....	Code pénal de 1833.........	Enregistrement sans délai.
Danemark...	Ordonn. 6 nov. 1858 et 5 mai 1866..	id.
Suède....	Lois 1844 et 3 mai 1867.......	id.
Norwége...	Loi 3 juin 1876..........	id.

Y a-t-il beaucoup d'auteurs ou d'éditeurs qui remplissent exactement toutes ces formalités ? Opérer des dépôts ou des enregistrements à l'étranger, par l'intermédiaire des légations, cela pourrait à la rigueur se faire pour les ouvrages qui ont un grand succès et qui sont édités à Paris ; mais ce succès n'est pas le plus souvent connu dans le délai de trois mois, et ce n'est qu'après quelques préliminaires de publicité qu'on peut prévoir le résultat de la vente ; or, le délai étant tout à fait insuffisant, généralement on néglige de se mettre en règle en temps utile ; aussi les congrès en matière de propriété littéraire ont-ils toujours émis le vœu que les auteurs n'eussent aucune formalité à remplir dans les pays étrangers, comme dans les quatre Etats précités. Mais, ce résultat fût-il obtenu, la protection accordée aux auteurs serait encore bien précaire, car un livre qui mérite d'être exporté et qui a quelque succès devient la proie des traducteurs, et si la traduction est permise ou n'est défendue qu'avec des restrictions onéreuses pour l'auteur, la protection accordée à l'œuvre originale se trouve être à peu près illusoire. Voyons donc quelles sont les clauses relatives à la traduction dans les diverses conventions.

Traductions. — Les conventions passées avec la Russie et les Pays-Bas n'accordent aucune protection aux auteurs en ce qui concerne la traduction, car le texte est muet sur ce point, et la loi russe permet d'ailleurs la traduction. Ce n'est pas à dire que la Russie n'ait pas de littérature nationale ; elle a des romanciers qui ont une réputation européenne ; mais la production nationale n'est pas encore arrivée, dans ce pays, à suffire à la consommation intellectuelle et il y a une foule de littérateurs qui, probablement par manque de confiance dans leurs propres forces, ne vivent que de traductions. C'est sans doute pour cette raison que la convention passée avec la France n'a point protégé les auteurs contre les traductions ; on a pensé que c'était ôter leur gagne-pain à beaucoup d'écrivains et priver une partie du public russe de l'étude des œuvres françaises ; c'est admettre qu'en littérature il est permis de s'approprier le bien d'autrui.

La Russie et les Pays-Bas auraient pu cependant sans causer grand préjudice à leurs nationaux, insérer dans leurs conventions avec la France les clauses contenues dans les traités conclus avec les autres pays ; cela ne les aurait pas engagés beaucoup, car nous allons voir que l'auteur est soumis à la nécessité de publier lui-même une traduction et que la protection n'est accordée que pour un temps fort limité.

D'après la convention passée avec l'Espagne, l'auteur de l'œuvre originale n'est protégé que s'il publie une traduction, dans les six mois à partir de la première publication, et la protection n'est accordée que pour cinq ans ; les articles 3 et 8 de cette convention sont ainsi conçus : .

L'auteur de tout ouvrage publié dans l'un des deux pays qui entend réserver son droit de traduction jouit, pendant cinq années, à partir du jour de la première publication de la traduction de son ouvrage autorisée par lui, du privilége de protection contre la publication dans l'autre pays, de toute traduction du même ouvrage non autorisée par lui, pourvu que la sienne soit publiée dans le délai de six mois à partir de la publication de l'œuvre originale, et que l'auteur ait rempli toutes les formalités prescrites à cet effet dans le présent traité (art. 3). Pour que le droit des auteurs sur les traductions de leurs ouvrages puisse être exercée conformément à ce qui est établi dans les articles 2 et 3 du présent traité, il est nécessaire de remplir préalablement les formalités suivantes : l'auteur d'un ouvrage original, lorsqu'il le fait paraître, doit déclarer, en tête dudit ouvrage, qu'il se réserve le droit de traduction, et, en conséquence de cette déclaration, est tenu de la publier, si l'ouvrage ne se compose que d'un seul volume, dans les premiers six mois qui en suivent la publication. Si l'auteur publie à la fois deux ou plusieurs volumes d'un même ouvrage, le délai est augmenté d'autant de fois six mois que l'ouvrage publié comprend de volumes, de telle sorte que le deuxième volume doit paraître dans les douze mois qui suivent l'accomplissement desdites formalités du dépôt, et ainsi de suite. A l'égard des ouvrages qui paraissent par volumes séparés ou par livraisons, il suffit que cette déclaration soit faite en tête du premier volume ou de la première livraison. Cependant, la traduction d'un ouvrage publié par livraisons doit paraître, au plus tard, dans les trois premiers mois qui suivent le dépôt de chacune d'elles (art. 8).

La convention passée avec l'Angleterre (art. 3) oblige l'auteur à commencer de publier la traduction dans le délai d'un an et il doit la terminer dans les trois ans ; la durée du droit est également de cinq ans.

L'auteur de tout ouvrage publié dans l'un des deux pays, qui entend réserver son droit de traduction, est, pendant cinq années, à partir du jour de la première publication de la traduction de son ouvrage autorisée par lui, protégé contre la publication, dans l'autre pays, de toute traduction du même ouvrage non autorisée par lui, et ce, sous les conditions suivantes : 1° L'ouvrage original doit être enregistré et déposé dans l'un des deux pays, dans un délai de trois mois à partir du jour de la première publication dans l'autre pays ; 2° il faut que l'auteur ait indiqué en tête de son ouvrage l'intention de se réserver le droit de traduction ; 3° ladite traduction autorisée doit avoir paru, au moins en partie, dans le délai d'un an, à compter de la date de l'enregistrement et du dépôt de l'original, et en totalité dans le délai de trois ans à partir dudit dépôt ; 4° la traduction doit être publiée dans l'un des deux pays, et être enregistrée et déposée conformément aux dispositions de la convention. Pour les ouvrages publiés par livraisons, il suffit que la déclaration de l'auteur, qu'il entend se réserver le droit de traduction, soit exprimée dans la première livraison. Toutefois, en ce qui concerne le terme de cinq ans assigné par cet article pour l'exercice du droit privilégié de traduction, chaque livraison est considérée comme un ouvrage séparé : chacune d'elles doit être enregistrée et déposée dans l'un des deux pays, dans les trois mois à partir de sa première publication dans l'autre (art. 3).

Les conventions conclues avec l'Allemagne (art. 6), la Belgique (art. 6), la Suisse (art. 6), et le Portugal (art. 5), imposent également à l'auteur, par des dispositions identiques, la nécessité de publier des traductions dans le délai d'un à trois ans.

Avec l'Italie, il est stipulé (art. 3 et 4), que la publication de la traduction doit avoir lieu dans le délai d'un an ; mais la durée du droit est la même que pour les œuvres originales ; ces articles sont ainsi rédigés :

Si l'auteur, en faisant paraître son ouvrage, a notifié au public qu'il entend le traduire lui-même et que sa traduction a été publiée dans le délai d'un an à partir de la publication du texte original, il conserve le droit exclusif de traduction qui est dès lors assimilé à la reproduction (art 3).

Afin de pouvoir constater d'une manière précise dans les deux Etats le jour de la publication d'un ouvrage, on se règle sur la date du dépôt opéré dans l'établissement public préposé à cet effet. Si l'auteur entend réserver son droit de traduction, il doit en faire la déclaration en tête de son ouvrage et mentionner à la suite de cette déclaration la date du dépôt.

A l'égard des ouvrages qui se publient par livraisons, il suffit que cette déclaration de l'auteur soit faite dans la première livraison. Toutefois, le terme fixé pour l'exercice de ce droit ne commence à courir qu'à dater de la publication de la dernière livraison, pourvu d'ailleurs qu'entre les deux publications il ne s'écoule pas plus de trois ans. L'indication de la date du dépôt doit être apposée sur la dernière livraison, à partir de laquelle commence le délai fixé pour l'exercice du droit de traduction (art. 4).

La convention autrichienne accorde, comme la convention italienne, la même durée du droit que pour les œuvres originales ; elle n'oblige pas l'auteur à publier la traduction dans un délai déterminé ; et c'est la seule qui soit conçue en ce sens. M. Renault (*loc. cit.*), soutient le contraire en se fondant sur ce que cette convention accordant aux Français en Autriche la même protection qu'aux nationaux, et la loi autrichienne du 19 octobre 1846 obligeant les nationaux à publier dans le délai d'un an, la même obligation est imposée aux Français. Le texte de la convention nous semble cependant bien précis ; il accorde aux auteurs des deux pays, non pas le même droit qu'aux nationaux, avec les conditions imposées à ceux-ci, mais « la même protection » avec cette condition unique d'avoir réservé, en tête de l'ouvrage, le droit de traduction, ce qui exclut toute autre condition ; et d'ailleurs les conventions établissent des droits réciproques ; la loi française est muette là où la loi autrichienne établit deux conditions ; en n'en reprenant qu'une la convention fait aux parties une situation égale.

L'article 5 de la convention autrichienne est ainsi conçu :

L'auteur de tout ouvrage publié dans l'un des deux pays jouit de la même protection que les auteurs nationaux contre la publication, dans l'autre pays, de toute traduction du même ouvrage non autorisée par lui, sous la condition, toutefois, d'avoir indiqué en tête de son ouvrage son intention de se réserver le droit de traduction.

Pour les ouvrages publiés par livraisons, il suffit que la déclaration de l'auteur, qu'il entend se réserver le droit de traduction, soit exprimée sur la première livraison de chaque volume.

En résumé, huit Etats, l'Espagne, l'Angleterre, l'Italie, l'Allemagne, la Suisse, le Portugal, la Belgique, l'Autriche, garantissent par les conventions, le droit de traduction; l'un d'eux oblige de la faire dans les six mois, un autre dans l'année; cinq autres exigent que l'auteur la commence dans l'année et la termine dans les trois ans; enfin un seul n'impose pas de délai. Dans toutes les conventions il est stipulé que l'auteur devra avoir fait sur l'ouvrage original la réserve expresse du droit de traduction et que les formalités stipulées relativement à l'œuvre originale auront été remplies. Quant à la durée du droit, les conventions conclues avec l'Italie et l'Autriche accordent seules le même temps qu'aux œuvres originales; les autres restreignent pour l'auteur lui-même la durée à cinq années.

Voici le tableau des formalités relatives à la traduction avec l'indication de la durée du droit.

Autriche..	Réserve de l'auteur.	Aucun délai imposé pour traduire.	Durée des ouv. orig.
Italie....	id.	Traduction terminée dans l'année.	id.
Espagne...	id.	Trad. terminée dans les 6 mois..	Protection de 5 ans.
Angleterre..	id.	Tr. com. dans l'année, ter. en 3 ans.	id.
Allemagne..	id.	id.	id.
Portugal...	id.	id.	id.
Suisse....	id.	id.	id.
Belgique...	id.	id.	id.
Russie...	...	...	Aucune protection.
Pays-Bas..	...	...	id.

Dans ces conditions, peut-on dire que la protection est efficace? quel libraire voudra acquérir de l'auteur, pour un temps aussi restreint, le droit de traduire, et, s'il achète, quel prix pourra-t-il accorder pour une si courte échéance? C'est par exception que quelques éditeurs, par un honorable scrupule, ne traduisent jamais, pendant les cinq années à partir de la publication, sans l'autorisation de l'auteur qui la donne pour le prix qu'on veut bien lui offrir, et le plus souvent sans conférer le droit exclusif, car bien rarement il a rempli les nombreuses formalités que nous avons énumérées.

Œuvres dramatiques et musicales. — Dans toutes les conventions, la *reproduction* des œuvres dramatiques et musicales
est défendue de la même façon que celle des œuvres littéraires
proprement dites.

La *représentation* est également prohibée en Angleterre, en
Allemagne, en Portugal, en Suisse, en Belgique, en Espagne,
en Italie, en Autriche; mais, d'après les lois de ces quatre
derniers pays, la durée du droit n'étant pas, en ce qui concerne
les héritiers de l'auteur, la même pour la représentation que
pour la publication, voici quels sont les droits divers : en Belgique, dix ans au lieu de vingt; en Espagne, vingt-cinq au
lieu de cinquante; en Italie, quatre-vingts ans à partir de la
première représentation ou de la première publication au lieu
de deux périodes de quarante; en Autriche, dix ans au lieu de
trente, avec cette particularité que le droit sur la représentation
cesse, si l'œuvre a été publiée. Quant aux autres pays, la durée
est, comme pour la publication, de sept à quarante-deux ans en
Angleterre, de trois ans en Allemagne et en Espagne, de
trente ans au plus en Suisse, ce délai de trente ans commençant à partir de la première publication ou de la première représentation.

La *traduction* des œuvres dramatiques n'est pas complète-
ment assimilée par les conventions à la traduction des autres
œuvres littéraires; elle a des règles spéciales relativement au
délai pendant lequel l'auteur est obligé de publier ou de représenter.

La convention autrichienne est la seule qui soumette entière-
ment la traduction et la représentation des œuvres dramatiques
aux mêmes règles que celles indiquées pour les œuvres littéraires proprement dites.

Les articles 3 et 6, *in fine*, de cette convention sont rédigés
en ces termes :

Les stipulations de l'article premier s'appliquent également à l'exécution ou
représentations des œuvres dramatiques ou musicales publiées, exécutées ou représentées pour la première fois dans l'un des deux pays après la mise en vigueur de
de la présente convention (art 3).

Les auteurs d'ouvrages dramatiques jouissent réciproquement des mêmes droits
relativement à la traduction ou la représentation des traductions de leurs ouvrages » (art. 6).

Avec l'Italie, le délai pour publier les traductions des œuvres dramatiques n'est que de six mois, tandis que pour les œuvres littéraires il est d'un an.

L'article 6 de la convention est ainsi conçu :

Les stipulations contenues dans l'article 1er s'appliquent également à la représentation et à l'exécution en original ou en traduction des œuvres dramatiques ou musicales, en tant que les lois de chacun des deux Etats garantissent ou garantiront, par la suite, protection aux œuvres susdites, exécutées ou représentées pour la première fois sur les territoires respectifs. Pour obtenir cette garantie en ce qui touche la représentation ou exécution et traduction d'une œuvre dramatique ou musicale, il faut que dans l'espace de six mois après la publication ou la représentation de l'original dans l'un des deux pays, l'auteur en ait fait paraître la traduction dans la langue de l'autre pays (art. 6).

Le délai pour publier, n'est que de trois mois, en vertu de la convention franco-anglaise, dont l'article 4 déclare :

Les stipulations des articles précédents s'appliquent également à la représentation des ouvrages dramatiques et à l'exécution des compositions musicales, en tant que les lois de chacun des deux pays sont ou seront applicables, sous ce rapport, aux ouvrages dramatiques et de musique représentés ou exécutés publiquement dans ces pays pour la première fois. Toutefois, pour avoir droit à la protection légale en ce qui concerne la traduction d'un ouvrage dramatique, l'auteur doit faire paraître sa traduction trois mois après l'enregistrement et le dépôt de l'ouvrage original (art. 4).

Les conventions portugaise (art. 4 et 5), suisse (art. 4 et 6), et allemande (art. 4 et 6), offrent cette particularité que le droit de l'auteur dramatique sur la traduction peut être conservé non-seulement par la publication dans le délai de trois mois, mais par la représentation dans le même délai. Voici les termes de la convention franco-portugaise.

Les stipulations de l'article 1er s'appliquent également à l'exécution ou représentation des œuvres dramatiques ou musicales publiées, exécutées ou représentées pour la première fois dans l'un des deux pays (art. 4).

Relativement à la traduction des ouvrages dramatiques, l'auteur de l'ouvrage publié dans l'un des deux pays qui veut se réserver le droit exclusif de traduire et celui de faire représenter cette traduction sur les théâtres de l'autre pays pendant la période de cinq années, doit publier sa traduction dans l'idiome de l'autre pays ou la faire représenter sur un théâtre de ce même pays dans les trois mois à compter de la déclaration d'enregistrement (art. 5).

Avec la Belgique, la rémunération des auteurs dramatiques sur la représentation a été fixée pour le cas où il n'existerait pas de stipulation entre les parties ; la traduction doit avoir été faite dans les trois mois. Les articles 4 et 6 sont ainsi conçus :

Les stipulations de l'article 1er s'appliquent également à la représentation ou exécution des œuvres dramatiques ou musicales publiées ou représentées pour la première fois dans l'un des deux pays, après le 12 mai 1854.

Le droit des auteurs dramatiques ou compositeurs est perçu d'après les bases qui sont arrêtées entre les parties intéressées ; à défaut d'un semblable accord, le taux exigible de ce droit ne peut respectivement dépasser les chiffres suivants :

Pour les pièces :	En 4 ou 5 actes.	En 3 actes.	En 2 actes.	En 1 acte.
	Fr.	Fr.	Fr.	Fr.
A Paris et à Bruxelles :	18	14	10	6
Dans les villes de 80,000 âmes et au-dess.	14	10	8	5
Dans les villes de moins de 80,000 âmes :	9	8	6	4

(art. 4).

Relativement à la traduction des ouvrages dramatiques, l'auteur qui veut se réserver le droit exclusif dont il s'agit doit faire paraître sa traduction trois mois après le dépôt de l'ouvrage de l'original (art. 6, 6°).

Dans la convention franco-espagnole, le droit n'est fixé que pour la représentation des traductions :

La traduction des œuvres dramatiques confère les mêmes droits à l'auteur de l'original, si toutefois la traduction faite pour son compte ou avec son consentement est publiée dans les trois mois, et qu'il ait rempli les autres formalités.

Le droit de subvention des auteurs dramatiques sur les représentations dans les pays où la traduction de leur ouvrage sera mise en scène, est fixé au quart des droits que les lois du pays accordent aux traducteurs. Ce quart se trouve compris dans le montant total des droits que les entreprises théâtrales auront à payer aux traducteurs.

Les droits des compositeurs de musique sont assimilés à ceux des auteurs originaux, pourvu que le poëme soit écrit dans la langue originale (art. 4).

Quant aux conventions conclues avec la Russie et les Pays-Bas, elles ne protégent pas plus la représentation que la traduction des œuvres dramatiques.

Voici le tableau des formalités relatives à la traduction des œuvres dramatiques et à la représentation de ces traductions avec l'indication de la durée du droit.

Autriche. .	Réserve de l'auteur.	Aucun délai imposé pour traduire.	Durée des œuv. orig.
Italie.. . .	id.	Trad. terminée dans les 6 mois. .	id.
Espagne.. .	id.	Trad. terminée dans les 3 mois. .	Protection de 5 ans.
Angleterre..	id.	id.	id.
Allemagne..	id.	id.	id.
Portugal. .	id.	id.	id.
Suisse. . .	id.	id.	id.
Belgique. .	id.	id.	id.
Russie. . .	id.	id.	id.
Pays-Bas. .	id.	id.	id.

En ce qui concerne les *adaptations* ou arrangements d'œuvres dramatiques auxquels on procède souvent à l'étranger, à cause de la différence des mœurs de chaque pays, on ne trouve une défense expresse que dans une convention franco-anglaise du 11 août 1875, abrogeant l'article 4 § 3, de la convention précédente du 3 novembre 1851 qui réservait « les imitations faites de bonne foi, ou les appropriations des ouvrages dramatiques aux scènes respectives de France et d'Angleterre. » Les conventions faites avec les autres Etats ne parlent pas des adaptations ; on peut cependant supposer qu'elles sont prohibées car l'adaptation laisse subsister l'œuvre originale ; si le nom de l'auteur est conservé, son droit ne peut être nié, et si un autre nom est substitué au sien, c'est un plagiat tout à fait répréhensible. Toutefois la convention espagnole autorise, dans l'article 5, « *les imitations et les appropriations faites de bonne foi* » *des œuvres littéraires, scientifiques, dramatiques, de musique et* » *d'art, en France et en Espagne.* » Ces adaptations paraissent en ce cas devoir être permises quand elles sont faites de bonne foi ; mais ce serait, suivant nous, au plagiaire à prouver sa bonne foi ; car, dans de pareilles circonstances, on ne peut guère la supposer ; ce serait une exception que le défendeur opposerait à la poursuite en contrefaçon et dont la preuve lui incomberait.

Quant *aux arrangements de musique* ou morceaux extraits d'œuvres musicales, ils ne sont expressément prohibés que dans les conventions passées avec la Belgique et l'Italie ; cependant nous ne voyons pas pourquoi, même en l'absence d'un texte spécial, la prohibition ne ressortirait pas des autres conventions ; quand la création principale de l'auteur, la mélodie du morceau, se trouve reproduite, l'accompagnement et l'orchestration ne sont que des accessoires qui ne peuvent dépouiller l'auteur de sa propriété ; si l'on reconnaît l'œuvre du compositeur en l'entendant exécuter, on ne peut méconnaître son droit.

Journaux et revues. — Les conventions conclues avec la Belgique (art. 8), l'Italie (art. 8), l'Allemagne (art. 9), la Suisse (art. 9), l'Autriche (art. 8), le Portugal (art. 8), prohibent la reproduction des articles non politiques de journaux ou revues lorsque l'auteur a réservé son droit ; la reproduction des articles politiques et de ceux pour lesquels les droits n'ont pas été réservés ne peut être faite qu'avec indication de la source où ils ont été puisés.

Voici le texte inséré dans ces conventions :

Les articles extraits des journaux ou recueils périodiques, publiés dans l'un des deux pays peuvent être reproduits ou traduits dans les journaux ou recueils périodiques de l'autre pays, pourvu que l'on indique la source à laquelle on les a puisés.

Toutefois, cette permission ne s'étend pas à la reproduction, dans l'un des deux pays, des articles de journaux ou de recueils périodiques publiés dans l'autre, lorsque les auteurs ont formellement déclaré dans le journal, ou le recueil même où ils les ont fait paraître, qu'ils interdisent la reproduction. Dans aucun cas, cette interdiction de peut atteindre les articles de discussion politique.

Les conventions conclues avec la Russie (art. 5) et avec les

Pays-Bas (art. 4) ne renferment pas, dans le premier paragraphe, les mots : *ou traduits*, par la raison que toutes les traductions sont autorisées d'une façon générale. La convention conclue avec l'Angleterre ne contient pas (art. 5) la dernière phrase relative aux articles politiques ; il s'ensuit que les articles politiques peuvent être réservés par l'auteur.

La convention franco-espagnole (art. 6) exige protection dans les lois des deux pays, ce qui est équivoque, car la loi française ne parle pas des articles de journaux, et c'est en vertu de la jurisprudence qu'ils sont protégés, tandis que la loi espagnole accorde protection, sous condition de réserve du droit et de dépôt de la collection à la fin de chaque année. Cette réserve du droit, la convention n'oblige pas de l'exprimer ; cependant, comme dans l'article 8, qui s'occupe des traductions en général, il est stipulé qu'une des conditions pour empêcher de traduire consiste dans la réserve de ce droit, on doit, selon nous, appliquer cette obligation aux journaux et revues, et si l'on n'exprimait pas la réserve, il serait défendu en Espagne de reproduire l'article en français, mais non de le traduire, et réciproquement pour les articles espagnols.

Voici l'article de cette convention :

Les stipulations de l'article 1er s'appliquent également aux ouvrages publiés pour la première fois dans un journal, ainsi qu'aux sermons, mémoires, leçons et autres discours prononcés en public et ne formant pas collection, à partir du moment où les lois des deux Etats garantiront à ces productions la protection spécifiée par l'article précité.

Dans aucun cas, un ouvrage publié pour la première fois dans un journal ne pourra être reproduit dans un autre, sans qu'il y soit fait mention du journal original et du nom de l'auteur de l'ouvrage, s'il s'y trouve indiqué (art. 6).

Il est bien entendu d'ailleurs que toutes les conventions s'en réfèrent tacitement, en ce qui concerne la traduction des articles de journaux ou recueils juridiques, aux règles exprimées dans chacune de ces conventions relativement aux traductions ; et comme la plupart, ainsi comme nous l'avons vu, obligent l'auteur à traduire dans un certain délai, la protection cesse, si cette condition n'est pas remplie. Quant aux formalités de dépôt ou d'enregistrement de l'original, elles ne paraissent pas stipulées comme nécessaires pour empêcher la reproduction dans la langue originale ; on peut de même présumer qu'elles ne sont pas non plus obligatoires pour empêcher la traduction ; mais il est certain que ces points ne sont aucunement précisés.

III. — EXAMEN CRITIQUE DU PRINCIPE ADMIS DANS LES CONVENTIONS.

La première disposition sur laquelle doit porter notre appréciation est celle qui oblige l'auteur à remplir des formalités de dépôt ou d'enregistrement en pays étrangers ; c'est, comme nous l'avons vu, une entrave à l'exercice du droit qui devient importante parce qu'elle est multipliée par le nombre des Etats par lesquels elle est stipulée; plusieurs conventions ont, il est vrai, exonéré l'auteur des formalités de ce genre ; mais n'y aurait-il pas autre chose à faire et ne pourrait-on pas inaugurer un autre système qui n'aurait pas l'inconvénient de laisser les Etats dans l'ignorance des livres parus dans les autres pays ? Nous croyons, en effet, qu'il est utile que dans chaque Etat il y ait un centre, non-seulement où soit dressé le cadastre des productions littéraires, mais encore où les productions publiées dans le pays soient conservées et puissent être consultées ; les services rendus par notre Bibliothèque nationale sont immenses ; aussi critiquons-nous les Etats, comme l'Allemagne, l'Autriche, l'Angleterre, la Russie, la Suède, la Norwège, et le Danemark, qui ont exonéré leurs sujets du dépôt d'un ou plusieurs exemplaires ; si c'est dans le but d'épargner à l'auteur une charge, peu onéreuse d'ailleurs, il suffisait de lui solder l'exemplaire déposé ; mais quelle que soit cette charge, il ne faut pas sacrifier l'intérêt public à de semblables considérations de détail et chaque pays doit avoir une Bibliothèque nationale aussi complète que possible en ce qui concerne ses œuvres nationales, de quelque façon que l'on s'y prenne pour y arriver.

Cela posé, il faut bien se persuader que les Etats qui obligent les étrangers à opérer, comme leurs nationaux, le dépôt où l'enregistrement de leurs ouvrages n'ont pas pour but de faire obstacle, par une vexation inutile, à la conservation de leurs droits ; ils ont un motif sérieux d'agir ainsi, et il ne faudrait pas passer à pieds joints sur cette entrave sans en comprendre la portée. Ce que les Etats étrangers ont voulu principalement c'est que, tous les livres parus dans les autres pays étant déposes ou enregistrés chez eux, on fût averti de leur existence afin de pouvoir en donner un catalogue général à l'usage de tous les nationaux de même que pour les livres de production nationale. Mais, il faut l'avouer, ce but est loin d'être rempli, puisqu'en pratique le dépôt et l'enregistrement ne se font, comme nous l'avons dit, que très-rarement à l'étranger. Aussi proposons-nous un moyen qui nous paraît des plus simples pour arriver à concilier les intérêts des divers Etats. Au lieu d'obliger par exemple les auteurs français à faire enregistrer eux-mêmes leur ouvrage à l'étranger, pourquoi le ministre de l'intérieur ne se chargerait-il pas de faire en bloc à l'étranger cet enregistrement pour tous les ouvrages parus en France? le bureau du ministère de l'intérieur, où les auteurs français ou leurs imprimeurs ont déposé leur ouvrage, a tous les renseignements nécessaires; ce relevé se fait pour le catalogue de la librairie; il suffirait de spécifier, dans les conventions internationales que tous les trois mois un certain nombre d'exemplaires de ce catalogue serait envoyé aux bureaux d'enregistrement des autres pays, qui agiraient de même envers la France. De cette façon, d'un côté, les auteurs seraient affranchis de cette formalité difficile à accomplir partout à la fois, et de l'autre les divers Etats seraient officiellement avertis de toutes les productions parues sur le globe. L'avantage serait immense pour la propagation des idées, pour l'étude des sciences et des lettres. Car un auteur qui veut écrire sérieusement sur un sujet déterminé s'enquiert d'abord des ouvrages qui ont paru dans le même genre, non-seulement dans son pays, mais dans les pays voisins; les recherches seraient moins longues et moins difficiles, si chaque Bibliothèque nationale pouvait mettre à la disposition des lecteurs les catalogues complets des livres récemment parus dans tous les pays; beaucoup d'œuvres étrangères seraient l'objet d'une attention particulière, qui passent ignorées au milieu du torrent des productions intellectuelles.

Sur la durée du droit nous avons fait observer que les conventions avaient généralement adopté la loi du minimum entre les deux nations contractantes, mais qu'au lieu d'établir cette règle d'une façon directe, elles l'avaient posée comme une exception à un principe général ainsi formulé, à savoir : *que l'auteur d'une nation suit à l'étranger la loi de la nation étrangère;* sans cette exception, l'application du principe obligeait à donner parfois à l'auteur plus de droits qu'il n'en aurait eus dans son pays, et les conventions ne sont point faites pour augmenter les droits des auteurs, mais pour conserver ceux qu'ils ont. Une autre exception à ce principe général a été de plus reconnue, quant aux formalités, et adoptée dans certaines conventions qui ont dispensé les étrangers du dépôt ou de l'enregistrement. Cela constitue donc deux exceptions essentielles au principe qui avait été posé, l'une provenant de ce qu'il est certainement utile que l'auteur n'ait pas à accomplir d'autres formalités que celles que lui impose son pays d'origine, l'autre de ce qu'il est équitable que la durée de son droit ne soit pas supérieure à celle qu'il a en réalité dans son pays d'origine.

Que reste-t-il dès lors du prétendu principe posé dans les conventions ? Rien que la poursuite du délit à l'étranger et l'application de la peine conformément à la loi étrangère ; mais la question de répression pénale est, de droit commun, une question territoriale ; ce n'est pas ce point qu'on a pu avoir en vue en énonçant le principe précité. Voilà donc un principe dont les exceptions seules sont l'expression de la vérité ; n'est-ce pas dire que le principe est faux et que c'est le principe contraire qui est le vrai ? Ce principe serait donc celui-ci :

Les parties contractantes accordent à l'auteur étranger protection et recours légal pour la conservation de ses droits tels qu'ils sont réglés dans son pays d'origine sons avoir à remplir d'autres formalités que celles auxquelles l'oblige la loi nationale.

Cette opinion sur le principe à poser en cette matière, nous pensions être seul à la soutenir, mais nous l'avons retrouvée émise en 1858, au Congrès de Bruxelles, par M. Pataille, qui déclara ne point admettre « *qu'à l'égard des ouvrages publiés en pays étranger, l'étendue et la durée des droits de chaque auteur et de ses héritiers ou ayants cause pussent varier suivant la législation du pays où ils les feraient valoir* (1). »

Nous avons trouvé récemment un appui nouveau dans une loi récente votée par le congrès des députés espagnols le 7 juillet 1877 et adoptée par le sénat en décembre 1878 ; d'après la traduction communiquée par M. Germond de Lavigne (2) au con-

---

(1) *Annales de la propriété industrielle, artistique et littéraire*, t. IV, p. 411.
(2) Loi espagnole de la propriété intellectuelle. Br. in-8°.

grès littéraire de Paris en 1878, l'article 10 de cette loi est ainsi
conçue :

Le propriétaire d'une œuvre étrangère en exercera la propriété sous toutes les
formes selon les lois de son pays. En Espagne, il n'aura droit à la propriété des
traductions que pour le temps pendant lequel il possédera l'œuvre originale dans
le pays où elle aura été publiée pour la première fois et conformément aux lois de
ce pays.

Malgré cela nous ne nous dissimulons pas que le principe
que nous proposons est une révolution complète dans les idées
généralement reçues, mais nous avons la conviction que c'est
là la vraie solution de là question et que les clauses des conventions seront lettres mortes tant qu'elles ne reposeront pas
sur la base juridique dont nous allons continuer de démontrer
la réalité.

Une proposition trouve parfois sa démonstration théorique
par un procédé qui consiste à la pousser à l'extrême et qu'on
appelle en mathématiques la démonstration par l'absurde. Supposons donc que la proposition énoncée actuellement dans les
conventions, à savoir, que l'auteur doit suivre à l'étranger la
loi étrangère, soit adoptée sans restrictions entre deux pays
dont l'un, comme la France, protégerait la propriété littéraire
tandis que l'autre, comme le Maroc, n'aurait aucune loi nationale en cette matière ; la France accorderait par là aux auteurs de
ce pays étranger une protection qu'ils n'auraient pas chez eux,
et les auteurs français n'acquerraient au Maroc aucune garantie
de leurs droits ; voilà à quel résultat injuste conduirait le principe actuel. Qu'on prenne au contraire le principe opposé et
qu'on stipule, entre la France et le Maroc, que chaque auteur sera
protégé en pays étranger conformément à la loi de son pays :
il y aura une application équitable des droits de chacun quoique le
principe ait été poussé jusqu'à ses extrêmes limites ; chacun
conservera les droits qu'il a, et celui qui n'en a aucun ne pourra
s'en plaindre qu'à son gouvernement.

Si l'on pouvait trouver quelque analogie entre le droit d'auteur et un autre genre de propriété, la question de principe se
serait sans doute depuis longtemps dégagée plus clairement,
mais c'est justement parce que ce droit n'a point de corrélation
directe avec d'autres que naît la difficulté. Toutefois, en y
regardant de près, on peut dire qu'il s'agit d'un droit mobilier
sui generis; or, notre loi française porte, dans l'article 3 du

code civil, que « *les immeubles même possédés par des étrangers sont régis par la loi française.* » On peut en conclure que les meubles et les droits mobiliers sont inhérents à la personne, c'est l'application de la règle de notre ancien droit : *Mobilia ossibus personæ inhærent.* Sans doute en ce qui concerne les meubles en général, la question d'application de la loi nationale ne porte pas sur le point de savoir si l'on peut être propriétaire ou non des objets mobiliers, mais plutôt sur la transmission, la garantie, la saisie et toutes autres conséquences du droit de propriété, tandis que pour les droits d'auteurs, nous recherchons la loi qu'il convient d'appliquer pour déterminer *le droit de propriété* lui-même ; mais il n'en est moins vrai qu'on peut trouver avec les droits mobiliers une similtitude d'applications que nous allons essayer de caractériser encore davantage par un exemple fictif, puisqu'on ne peut pas trouver d'analogie d'aucune sorte.

Supposons que par impossible il existe un pays où tous les biens, même les meubles de quelque valeur, soient la proprieté de l'Etat et qu'il n'y soit permis par conséquent à personne d'avoir en sa possession aucun objet d'or ou d'argent, qu'un riche étranger s'aventure dans cette république communiste, et qu'à peine arrivé il se voie dépouillé de tout ce qu'il possède. Il s'insurgera contre cette violation de son droit de propriété, il invoquera sa loi nationale, il dira que les objets qu'il a en sa possession, il les a acquis dans son pays ; il prétendra que les meubles suivent sa personne et qu'il ne doit rien à une communauté dont il n'est pas un des membres. Aura-t-il raison de revendiquer, non pas, entendons-le bien, comme un droit personnel, mais comme un droit dérivant et de sa nationalité et de l'extranéité des objets, la faculté d'être considéré comme propriétaire ; nous le pensons ; mais ce qui est certain c'est que, retourné dans son pays, s'il demande qu'on fasse une convention internationale avec cette république communiste, le principe dont il réclamera la reconnaissance dans cette convention ne sera pas que les étrangers doivent être traités, quant à la propreté des droits mobiliers, comme s'ils étaient des nationaux de ce pays, mais qu'ils doivent être régis, suivant leur loi d'origine, pour les objets qu'ils auront acquis chez eux.

Au lieu de cette république communiste mettons un Etat où

la propriété littéraire ne soit point ou soit peu protégée et, à la place du riche étranger, supposons un auteur, et nous aurons une solution analogue.

Mais, va-t-on objecter, appliquer la loi française à l'étranger et réciproquement, c'est forcer les tribunaux à juger d'après une loi qui n'est pas celle du pays; on trouve anormal d'obliger les juges à étudier les lois étrangères et l'on préfère forcer les auteurs à se livrer à cette étude, alors qu'ils sont bien moins préparés pour le faire. Cette objection, que nous avons entendu formuler au Congrès de 1878, ne peut arrêter des jurisconsultes. Est-il donc si extraordinaire de voir un tribunal appliquer une loi étrangère? Mais lorsqu'il s'agit des étrangers autorisés à établir leur domicile en France en vertu de l'article 13 de notre code civil, nos tribunaux sont tenus de leur accorder juridiction et, si la loi étrangère est invoquée au procès, ils doivent connaître de son application; il en est de même dans le cas où un étranger, aux termes de l'article 15 de notre code, assigne un Français devant un tribunal de France pour obligations par lui contractées en pays étranger; cela peut se présenter dans les questions d'Etat, dans les instances commerciales aussi bien que dans les instances civiles, toutes les fois que la règle *locus regit actum* peut être invoquée; enfin lorsqu'on demande de rendre exécutoire en France un jugement rendu à l'étranger, le juge doit examiner les règles qui ont présidé à la décision.

La tendance à augmenter la compétence des tribunaux vis-à-vis des étrangers s'accentue de jour en jour, et depuis long-temps même d'éminents jurisconsultes se sont élevés contre la faculté laissée aux tribunaux français et au défendeur étranger de refuser la juridiction française, alors que les deux parties, bien qu'étrangères, font en France leur résidence ordinaire. En Belgique, un projet de code de procédure publié le 26 mars 1876 porte même « *que les étrangers pourront être assignés devant* » *les tribunaux belges, s'ils ont en Belgique un domicile ou* » *seulement une résidence.* » Plusieurs traités d'ailleurs ont déjà essayé de poser quelques jalons en ce sens; ainsi une distribution réciproque de la justice a été stipulée en 1846 entre la France et le grand-duché de Bade pour les citoyens des deux pays, et une convention internationale franco-suisse du 15 juin 1869 a établi que dans les contestations entre

Suisses qui seraient tous domiciliés ou auraient un établissement commercial en France et dans celles entre Français tous domiciliés en Suisse, le demandeur pourrait saisir le tribunal du domicile ou du lieu de l'établissement du défendeur, sans que les juges pussent refuser de juger et se déclarer incompétents à raison de l'extranéité des parties. Dans tous ces cas, il peut y avoir lieu souvent d'appliquer les lois étrangères.

Sans doute, toutes les lois étrangères ne sont pas susceptibles de recevoir une application dans un autre pays; mais il peut en être ainsi pour toutes celles qui ne sont pas contraires à l'ordre public ou à la civilisation particulière de chaque Etat; et c'est le cas des lois sur la propriété littéraire.

D'ailleurs, dans la matière même de la propriété littéraire, n'y a-t-il pas déjà des circonstances où, malgré le principe posé dans les conventions, la loi étrangère doive être examinée par les juges; ainsi les conventions ne se sont point expliquées sur le point relatif à l'ordre des successions; or, il est évident que le conjoint qui en France succède à l'auteur dans ce cas particulier, sera reconnu à l'étranger comme ayant seul les droits d'auteur, même si la loi étrangère n'admet point le conjoint à succéder; il en serait de même, si, comme autrefois en France, les descendants avaient un droit plus étendu que les autres héritiers. Si l'on soulève en ces matières des difficultés sur l'application de la loi étrangère, les tribunaux seront bien obligés de les résoudre; or, l'ordre des successions et la durée du droit des héritiers de l'auteur ne se touchent-ils pas de près dans ces circonstances et ne voit-on pas qu'il n'y a plus qu'un pas à faire pour leur donner des règles semblables?

Un résultat important de l'adoption du principe proposé serait de pousser à l'amélioration des législations sur la propriété littéraire dans les différents pays; car les législateurs auraient intérêt à s'occuper de donner à leurs nationaux des lois complètes, afin qu'en pays étranger ils pussent se présenter avec une loi suffisante pour y garantir leurs droits; et, pour ne donner qu'un exemple, en France où nous avons une loi mal conçue, mal rédigée et tout à fait incomplète (1), il est cer-

---

(1) Voir *Législation et jurisprudence concernant la propriété littéraire et artistique.* 2ᵉ éd., p. 57 à 79.

tain que si cette loi devait être appliquée en pays étranger, on se hâterait de la comparer à celles d'autres pays mieux partagés et de la mettre à l'unisson des autres législations. L'unité de législation, que l'on demande à grands cris, ne peut être obtenue qu'en donnant à chaque pays un intérêt capital de s'occuper de cette amélioration.

Ne peut-on pas aussi compter pour un avantage la facilité pour l'auteur de connaître l'étendue de ses droits sans être obligé d'étudier toutes les législations étrangères et les formalités par elles imposées en dehors même des conventions. N'est-il pas logique que l'auteur français demeure partout et toujours Français, régi par la loi française, du moment qu'il a fait paraître son ouvrage en France, et n'est-ce pas une étrange manière de protéger un national, que de consentir en ce cas à le dénationaliser à l'étranger ?

Que si, après avoir posé le principe, certains Etats reculent devant l'idée de donner aux ouvrages des étrangers plus de droits qu'à ceux du pays, une restriction quant à la durée du droit peut être insérée dans la convention tout aussi bien qu'avec le principe opposé; mais cette restriction ne devrait être considérée que comme une regrettable exception à cette règle fondamentale, que chacun doit conserver les droits qu'il a.

Dans tout ce que nous venons de dire, nous n'avons parlé que de l'ouvrage publié par un étranger dans son pays, c'est-à-dire, pour prendre un exemple, des droits qu'un Français qui a fait la publication de son ouvrage en France devrait avoir en Autriche ou dans tout autre pays, et nous entendons par publier mettre en vente chez un éditeur et non imprimer; ce dernier point est utile à préciser; car, pour le dire en passant, avec la France et la Belgique, il se présente ce fait assez étrange, qu'un ouvrage écrit par un Français, imprimé en Belgique et mis en vente chez un éditeur français, ne peut être déposé ni en France, ni en Belgique, en vertu de la convention qui se contente du dépôt dans le pays de la publication; car les bureaux belges entendent par publication la mise en vente, laquelle n'a pas eu lieu en Belgique, et les bureaux français l'impression, laquelle n'a pas été effectuée en France; voilà pourquoi nous spécifions que nous n'attachons aucun importance au lieu d'impression en parlant de publication.

Quel principe faudrait-il poser, dans les conventions, pour le cas où un étranger publierait son ouvrage dans un autre pays que le sien, par exemple si un Autrichien publiait son ouvrage en France? Nous avons parlé de cette question à l'occasion des droits des étrangers en vertu du décret de 1852, et nous avons dit qu'en ce cas, la jurisprudence française accordait déjà protection aux étrangers antérieurement à ce décret. Mais quel serait le meilleur système à établir dans les conventions? Nous pensons qu'il y aurait lieu de distinguer et de dire que l'auteur serait censé avoir abandonné la loi de sa nationalité, s'il n'en avait fait réserve expresse sur l'ouvrage même; en donnant naissance à son œuvre sur le territoire étranger et en indiquant un éditeur étranger, il a imprimé à cette œuvre une marque extérieure qu'il y a lieu de détruire par une déclaration en sens contraire, d'autant plus que la nationalité d'un auteur n'est point apparente. Cette manière d'envisager la question n'est point contraire à l'arrêt de la Cour de cassation du 20 août 1852 (Dall. 52, I, 335) qui, sans distinction, a considéré l'étranger publiant en France comme garanti par la loi française; seulement, nous admettons que l'auteur puisse être autorisé par les conventions à conserver sa nationalité par une réserve expresse.

Après ce que nous venons dire et avec le principe que nous proposons de reconnaître, il n'y a pas lieu de s'occuper d'une façon particulière du droit de traduction et de ce qui se rapporte à la représentation des œuvres dramatiques, puisque nous demandons que l'on suive la loi nationale de l'auteur : c'est elle qui devra spécifier, comme en tout autre point, quels seront ses droits. Il faudra bien longtemps encore, sans aucun doute, avant qu'on ne consente à empêcher partout les traductions au même degré que les contrefaçons des œuvres originales, mais si la plupart des législations, comme l'a fait la dernière loi espagnole, formulaient expressément et énergiquement cette défense, on arriverait plus facilement, dans les conventions, à une protection mieux caractérisée du droit des auteurs.

Nous terminerons par une observation qui nous paraît avoir son importance au point de vue pratique et qui concerne l'absence sur le livre de l'indication des droits que peut avoir l'auteur ou ses successeurs; cette réflexion a son utilité quel que soit le système international adopté. Sous le régime du privilège, avant les lois de 1791 et de 1793, chaque ouvrage portait en tête la marque et l'indication précise du droit de l'auteur ou de l'éditeur, au moyen de l'insertion de la formule spécifiant le privilège concédé. Aujourd'hui on ne peut s'assurer qu'un ouvrage est tombé dans le domaine public qu'au moyen de recherches difficiles ; pour savoir quand finit le droit des héritiers il faut connaître la date du décès de l'auteur, et s'il n'est pas assez célèbre pour que sa biographie ait été insérée dans un recueil spécial, on serait probablement mal reçu d'aller demander ce renseignement à l'éditeur lui-même. Ne serait-il pas plus simple d'indiquer, sur chaque volume, la limite du droit et d'obliger les éditeurs à y insérer une formule qui pourrait être, pendant la vie de l'auteur : *Droits des successeurs de l'auteur non commencés* ; et après la mort : *Droits des successeurs de l'auteur commencés le...* Ces indications seraient, bien entendu, susceptibles d'être contestées, et la fraude d'ailleurs pourrait comporter une répression. Dès lors, tout ouvrage qui ne serait revêtu d'aucune mention serait considéré comme tombé dans le domaine public. Comme analogie de ce moyen pratique, il est peut-être assez étrange d'aller chercher un exemple dans une loi d'un peuple asiatique; mais on nous permettra de dire que la loi du Japon de 1875, sur la propriété littéraire (1), a eu une prévoyance semblable; l'article 21 de cette loi est ainsi conçu :

Tout exemplaire d'un ouvrage devra porter les nom et domicile de l'auteur ou de l'éditeur, et la date de la déclaration ou de l'autorisation. Dans le cas où le droit de propriété exclusive aura été transmis par vente totale ou partielle ou par succession, chaque exemplaire devra porter les nom et domicile de l'acquéreur, soit total, soit partiel, ou de l'héritier. La disposition que nous demandons d'introduire n'est point une disposition identique à celle-là. Mais il est évident que toutes deux partent de l'idée de caractériser exactement l'existence du droit, et la civilisation européenne étant en voie de s'introniser au Japon, il est peut-être moins anormal qu'on ne pense d'y reprendre une importation qui a une origine plus française qu'on ne se l'imagine.

Nous croyons avoir justifié l'observation que nous faisions en commençant, relativement aux conventions internationales ; les questions de propriété littéraire ont été depuis vingt-cinq ans, de

---

(1) Voir notre article sur la loi japonaise. — *Annales de la propriété industrielle, artistique et littéraire.* De Pataille. Vol. 1878.

la part de la diplomatie européenne, l'objet de sérieuses études, mais les grands progrès obtenus n'ont point encore donné un résultat satisfaisant; on se ferait illusion de croire que les questions sont élucidées et résolues; les lois d'ailleurs sont encore insuffisantes dans beaucoup de pays, et le droit international ne pourra s'établir d'une façon utile qu'après que les lois de chaque nation auront élucidé pour leurs nationaux les questions qui les concernent. Quoi qu'il en soit, ne faisons pas de l'auteur un être cosmopolite; conservons-lui à l'étranger sa loi nationale, et bornons-nous, dans les conventions internationales, à lui assurer la protection des droits qu'il a acquis dans son pays.

LÉGISLATION ET JURISPRUDENCE

CONCERNANT LA

PROPRIÉTÉ LITTÉRAIRE
ET ARTISTIQUE

PAR

Ch. FLINIAUX

AVOCAT AU CONSEIL D'ÉTAT ET A LA COUR DE CASSATION.

DEUXIÈME ÉDITION

In-8°. 1878. — 6 fr.

Cet ouvrage, dont la première édition avait paru en 1867, a été revu par l'auteur en 1878 et mis au courant de la législation française, des lois étrangères et des conventions internationales dont le texte s'y trouve reproduit en entier ; il est divisé en neuf chapitres qui ont pour titres :

I. — Des diverses opinions sur la nature des droits d'auteur.

II. — Histoire de la législation française.

III. — Jurisprudence française concernant les œuvres littéraires.

IV. — Jurisprudence française concernant les œuvres dramatiques et musicales.

V. — Jurisprudence française concernant les œuvres d'art.

VI. — Examen de la loi des 14-19 juillet 1866.

VII. — Conclusion.

VIII. — Conventions internationales conclues entre la France et les pays étrangers.

IX. — Des législations étrangères.

Une table alphabétique termine le volume.